AF276271

La guerra es una estafa

Primera edición, mayo de 2025
Segunda edición, marzo de 2026

EL DESVELO EDICIONES

Javier Fernández Rubio, director

Editorial Almuzara, S. L.
Parque Logístico de Córdoba
Ctra. Palma del Río, km 4
C/8, Nave L2, módulos 6-7, buzón 3
14005 - Córdoba
(+34) 957 467 081

eldesvelo@almuzaralibros.com
almuzaralibros.com

Las imágenes, han sido extraídas de *USA Army* y archivos públicos

ISBN: 978-84-129509-3-9
IBIC: HBJ; DNS; 1KBB
THEMA: DCF; NHB; 1KBB
Depósito Legal: CO-786-2025
Impreso en España-Printed in Spain

Smedley Butler.

La guerra es una estafa

Smedley D. Butler

El Desvelo
EDICIONES

CAPÍTULO UNO

La guerra es una estafa

La guerra es una estafa. Siempre ha sido así.

Es posiblemente la más antigua, probablemente la más rentable, seguramente la más atroz. La más internacional en su alcance. La única en que los beneficios se cuentan en dinero y las pérdidas en vidas.

Como mejor se define una estafa es, en mi opinión, como aquello que no es lo que le parece a la mayoría de las personas. Solo un reducido grupo (selecto) sabe de qué va. Está dirigida a obtener el beneficio para unos pocos, a costa del gasto de muchos. Fuera de la guerra, pocos amasan grandes fortunas.

Durante la I Guerra Mundial, un mero puñado de personas cosechó el beneficio del conflicto. Al menos 21.000 nuevos millonarios y milmillonarios surgieron en Estados Unidos durante la Guerra Mundial. Esos declararon sus enormes ganancias de sangre en su declaración de impuestos. Cuántos otros millonarios de guerra falsificaron sus declaraciones es algo que se desconoce.

¿Cuántos de estos millonarios de guerra portaron al hombro un rifle? ¿Cuántos de ellos cavaron una trinchera? ¿Cuántos de ellos conocieron el significado de pasar hambre en un refugio subterráneo infestado de ratas? ¿Cuántos de ellos pasaron noches desveladas por el miedo, agachados en sus refugios bajo las balas de ametralladora y la metralla? ¿Cuántos de ellos detuvieron la acometida de una bayoneta que empuñaba un enemigo? ¿Cuántos de ellos fueron heridos o quedaron muertos en la batalla?

Sin necesidad de guerra, las naciones adquieren territorio adicional, si les sale bien. Simplemente lo toman. Unos pocos enseguida explotan el nuevo territorio adquirido, los mismos que exprimen dinero de la sangre de la guerra. El pueblo en general carga con la factura.

¿Y cuál es esa factura?

La factura recoge un espantoso recuento. Lápidas recién colocadas. Cuerpos destrozados. Mentes destruidas. Corazones y hogares rotos. Inestabilidad de la economía. Depresión y todo el cortejo de sus miserias. Cargas fiscales insoportables durante generaciones y más generaciones.

Durante muchos años, como soldado, tuve la sospecha de que la guerra era una estafa; pero no me di cuenta por completo hasta que me retiré del servicio activo. Ahora que veo los nubarrones de una guerra internacional cerniéndose, como los de hoy día, debo afrontarlo y dar cuenta de ello con franqueza.

De nuevo están eligiendo bandos. Francia y Rusia han llegado al acuerdo de permanecer codo con codo. Italia y Austria se han apresurado a llegar a un pacto similar. Polonia y Alemania se miran con ojos de cordero, olvidando mientras tanto (por una única vez) sus disputas sobre el Corredor Polaco.

El magnicidio del rey Alejandro de Yugoslavia ha complicado la cuestión. Yugoslavia y Hungría, acérrimos enemigos durante mucho tiempo, estuvieron a punto de lanzarse a la garganta del otro. Italia estaba lista para saltar. Pero Francia se mantuvo a la espera. Otro tanto hizo Checoslovaquia.

Todos ellos deseaban la guerra. No la gente (no los que luchan, pagan y mueren), solo aquellos que fomentan las guerras y se quedan seguros a retaguardia para aprovecharse.

Hay 40 millones de hombres en armas en el mundo hoy en día, y nuestros estadistas y diplomáticos tienen la temeridad de decir que no hay preparativos de guerra.

¡Campanas del Infierno! ¿Acaso estos 40 millones de hombres se entrenan para ser bailarines?

No en Italia, está claro. El primer ministro Mussolini sabe para qué están siendo entrenados. Él, al menos, es bastante franco al hablar. El otro día, el Duce dijo en *Conciliación Internacional*, la publicación del Fondo Carnegie para la Paz Internacional:

«Y sobre todo, el Fascismo, el que más considera y observa el futuro y el desarrollo de la Humanidad lejos de las consideraciones políticas del momento, no cree en la posibilidad ni en la utilidad de una paz perpetua... Solo la guerra pone de relieve la más alta tensión de la energía de todo ser humano y pone un sello de nobleza sobre aquellos que tienen el valor de encontrarla».

Sin duda, Mussolini quiere decir exactamente lo que dice. Su bien entrenado ejército, su gran aviación e incluso su flota están listos para la guerra, ansiosos en apariencia. Su reciente alineamiento junto a Hungría en la disputa de esta con Yugoslavia fue una prueba de ello. Y la rápida movilización de sus tropas en la frontera austriaca después del asesinato de Dollfuss lo demostró también. Hay otros países en Europa también cuyo ruido de sables presagia guerra, más pronto o más tarde.

El señor Hitler, con el rearme alemán y su constante demanda de más y más armas, es una amenaza igual, si no mayor, a la paz. Francia recientemente ha incrementado la duración del servicio militar de sus jóvenes de un año a 18 meses.

Sí, por todas partes las naciones están velando armas. Los perros locos de Europa se han desatado. En Oriente, las maniobras son más sutiles. Ya en 1904, cuando Rusia y Japón se enfrentaron, despedimos con una patada a nuestros viejos amigos rusos y apoyamos a Japón.

Entonces nuestros generosísimos banqueros internacionales ya estaban financiando a los japoneses. Ahora lo que toca es envenenar nuestras relaciones con ellos. ¿Qué significa para nosotros la política de *puertas abiertas* con China? Nuestro comercio con China ronda los 90 millones de dólares anuales. ¿Y con Filipinas? Hemos gastado cerca de 600 millones de dólares en Filipinas en 35 años y nosotros (nuestros banqueros, industriales y especuladores) tenemos inversiones propias allí de al menos 200 millones.

Entonces, para salvar el comercio con China por valor de 90 millones o proteger las inversiones privadas de menos de 200 millones en Filipinas estaríamos dispuestos a despertar el odio a Japón e ir a la guerra (una guerra que podría costarnos 10.000 millones de dólares, cientos de miles de vidas de estadounidenses, y otros cientos de miles de mutilados físicos y desequilibrados mentales).

Por supuesto que, a cambio de estas pérdidas, se obtendría un beneficio compensatorio: se amasarían fortunas. Millones y miles de millones de dólares se apilarían en manos de unos pocos. Los fabricantes de municiones. Los banqueros. Los constructores de barcos. Fabricantes. Empacadores de carne. Especuladores. A ellos les irá bien.

Sí, ellos están preparándose para otra guerra. ¿Por qué no iban a hacerlo? Proporciona altos dividendos.

Pero, ¿cuál es el beneficio para los hombres asesinados? ¿Qué beneficio obtienen sus madres y hermanas, sus viudas y sus novias? ¿Cuál es el beneficio para sus hijos?

¿Cuál es el beneficio para cualquiera que no sea el puñado de aquellos para los que la guerra significa enormes beneficios?

Sí, ¿y cuál es el beneficio para el país?

Tomemos nuestro propio ejemplo. Hasta 1898 no nos adueñamos de un pedazo de territorio fuera de Norteamérica. Hasta ese momento, nuestra deuda nacional superaba apenas los mil millones de dólares. Entonces adquirimos nuestra *mentalidad internacional*. Entonces olvidamos, o apartamos a un lado, el consejo del padre de la patria. Olvidamos la advertencia de George Washington sobre enredar las alianzas.

Fuimos a la guerra. Incorporamos territorio exterior. Al final de la Gran Guerra, como resultado directo de nuestros juegos en asuntos internacionales, nuestra deuda nacional se había disparado hasta superar los 25.000 millones de dólares. El superávit de nuestra balanza comercial en ese período de 25 años rondaba los 24.000 millones de dólares. Por lo tanto, desde una consideración puramente contable, experimentamos un ligero retroceso año tras año y ese comercio internacional bien podría haber sido nuestro sin necesidad de guerras.

Habría sido bastante más barato (y, por supuesto, más seguro) para el estadounidense medio que paga sus impuestos quedarse al margen de los enredos internacionales. Para unos pocos esta estafa, comparable al destilado ilegal de alcohol u otros latrocinios de los bajos fondos, proporciona fantásticos beneficios, pero el coste de las operaciones es siempre transferido al pueblo, que no se beneficia de nada.

CAPÍTULO DOS

¿Quién se queda las ganancias?

La Gran Guerra, mejor dicho, nuestra breve participación en ella, ha costado a los Estados Unidos cerca de 52.000 millones de dólares. Descifrémoslo. Eso significa 400 dólares por cada estadounidense, hombre, mujer y niño. Y no hemos pagado la deuda todavía. La estamos pagando, nuestros hijos la pagarán y probablemente los hijos de nuestros hijos seguirán pagando todavía el coste de esa guerra.

El beneficio habitual de un negocio en Estados Unidos suele ser del seis, ocho, diez, en ocasiones, del doce por ciento. Pero los beneficios en tiempos de guerra (¡ah!, ese es otro cantar) pueden ser del 20, 60, 100, 300 e incluso del 1.800 por ciento (no hay techo). Lo que el negocio aguante. El Tío Sam tiene el dinero. Saquémoselo.

Por supuesto que esto no se dice tan crudamente en tiempos de guerra. Se disfraza de discursos patrióticos, amor por la patria y el «todos debemos arrimar el hombro», pero los beneficios se disparan, brincan y suben vertiginosamente (y se embolsan con seguridad). Tomemos unos pocos ejemplos:

Tomemos el caso de nuestros amigos los Du Pont, la gente de la pólvora. ¿No testificó uno de ellos recientemente ante un Comité del Senado que su pólvora ganó la guerra? ¿O salvó el mundo para la Democracia? ¿O algo así? ¿Cómo les fue a ellos durante la guerra? Ellos eran una corporación patriótica. Bien, las ganancias medias de los Du Pont durante el período de 1910 a 1914 fueron de seis millones de dólares al año. No era mucho, pero los Du Pont se las arreglaban con ellas. Ahora observemos su beneficio medio anual durante los años de guerra, de 1914 a 1918. ¡58 millones de beneficio anual encontramos! Cerca de 10 veces más que en tiempos de paz, y eso que los beneficios en tiempos de paz eran realmente buenos. Un incremento de beneficios de más del 950 por ciento.

Tomemos a una de nuestras pequeñas compañías del acero, que patrióticamente dejó de

Semedley Butler, en 1896.

lado la fabricación de raíles de tren, vigas y puentes para empezar a fabricar material de guerra. Bien, sus ganancias anuales durante el período 1910-1914 fueron de media seis millones de dólares. Entonces vino la guerra. Y, como ciudadanos leales, Bethlehem Steel se puso a fabricar munición rápidamente. ¿Sus beneficios se dispararon o fue una ganga para el Tío Sam? Pues bien, su beneficio medio durante el período 1914-1918 fue de 49 millones de dólares al año.

O tomemos el caso de United States Steel. Sus ganancias medias durante el período de cinco años previo a la guerra fueron de 105 millones de dólares anualmente. No está mal. Entonces llegó la guerra y los beneficios se elevaron. El beneficio medio anual del período 1914-1918 fue de 240 millones de dólares. Tampoco está mal.

Ahí tienen algunas de las ganancias de la pólvora y del acero. Veamos alguna otra. Un poco de cobre, tal vez. Este siempre viene bien en tiempos de guerra.

Anaconda, por ejemplo. Las ganancias medias durante los años prebélicos 1910-1914 fueron de 10 millones de dólares. Durante los años 1914-

1918 los beneficios saltaron hasta los 34 millones de dólares anuales.

O Utah Copper. Con una media de cinco millones de dólares al año durante el período 1910-1914. Los beneficios pegaron un brinco hasta un promedio de 21 millones de dólares anuales durante el período bélico.

Agrupemos a estas cinco compañías, junto a otras tres más pequeñas. El beneficio medio anual de todas durante el período de preguerra 1910-1914 fue de 137,4 millones de dólares. Entonces llegó la guerra. Los beneficios medios anuales para este grupo se elevaron hasta los 408,3 millones de dólares.

Un pequeño incremento del beneficio del 200 por ciento, aproximadamente, bien merece la pena.

¿Paga la guerra? Les pagó. Pero ellos no fueron los únicos. Hay todavía más. Fijémonos en el cuero.

Durante el período de tres años previo a la guerra los beneficios totales de la Central Leather Company fueron de 3,5 millones de dólares. Eso suponía 1,16 millones al año, aproximadamente.

Bien, en 1916 Central Leather tuvo una ganancia de 15 millones de dólares, un pequeño incremento del 1.100 por ciento. Eso es todo. La General Chemical Company promedió un beneficio durante los tres años previos a la guerra de poco más de 800.000 dólares al año. Llegó la guerra y los beneficios se dispararon hasta los 12 millones, un incremento del 1.400 por ciento.

International Nickel Company (y no puede haber guerra sin níquel) tuvo un incremento de los beneficios de un promedio de cuatro millones de dólares anuales a 73 millones de dólares. No está mal, ¿verdad? Un incremento superior al 1.700 por ciento.

American Sugar Refining Company promedió dos millones de dólares anuales durante los tres años anterior al conflicto. En 1916 obtuvo un beneficio de seis millones de dólares.

El documento número 259 del Senado (65.º Congreso) informa de las ganancias corporativas y los ingresos del Gobierno. Teniendo en cuenta los beneficios de 122 empaquetadoras/empacadoras/envasadoras de carne, 153 manufactureros de algodón, 299 fabricantes de ropa, 49 acerías y

340 productores de carbón durante la guerra, los beneficios que bajaban del 25 por ciento fueron excepcionales. Por ejemplo, las compañías carboneras ganaron entre un 100 por ciento y un 7.856 por ciento de su capital durante la guerra. Las envasadoras de Chicago doblaron y triplicaron sus ganancias.

Y no nos olvidemos de los banqueros que financiaron la Gran Guerra. Si alguien se llevó la crema de los beneficios fueron los banqueros. Siendo sociedades, antes que organizaciones integradas, no tuvieron que informar a sus accionistas. Y sus beneficios fueron tan secretos como inmensos. Cómo los banqueros hicieron sus millones y miles de millones yo no lo sé, porque esos pequeños secretos nunca se hicieron públicos (ni siquiera ante un órgano fiscalizador del Senado).

Pero aquí está la manera en que algunos otros industriales y especuladores patrióticos cincelaron su modo de entrar en los beneficios de guerra.

Tomemos a la gente del calzado. A ellos les gusta la guerra. Proporciona negocios con unos beneficios anormales. Ellos tuvieron grandes

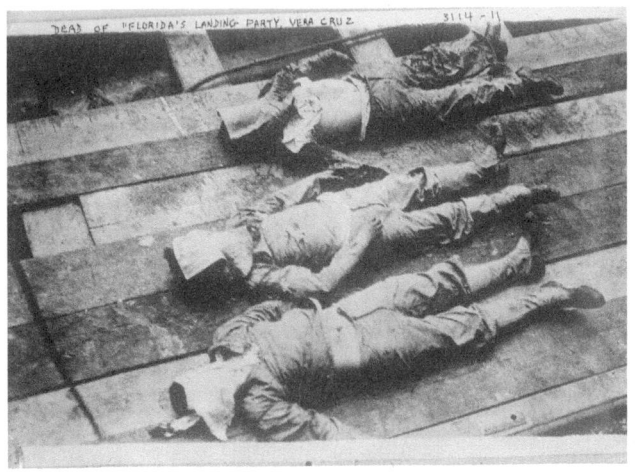

Los cadáveres de tres marineros estadounidenses que formaban parte del grupo de desembarco estadounidense durante la ocupación de la ciudad portuaria mexicana de Veracruz en 1914.

ganancias en ventas a nuestros aliados en el extranjero. Quizás, como los fabricantes de munición y armamento, también ellos vendieron al enemigo. Un dólar es un dólar, proceda de Alemania o de Francia. Pero también les fue bien con el Tío Sam. Por ejemplo, vendieron 35 millones de pares de botas de remaches reglamentarias. Había cuatro millones de soldados. Ocho pares, y más, por soldado. Mi regimiento durante la guerra solo tuvo un par de botas por soldado. Algunas de estas botas probablemente figuran todavía en inventario. Pero cuando la guerra terminó, el Tío Sam aún disponía de 25 millones de pares de botas sobrantes. Compradas y pagadas. Beneficios registrados y embolsados.

Quedaba todavía un montón de cuero sin vender. Así que la industria del cuero le vendió al Tío Sam cientos de miles de sillas de montar McClellan para la caballería. ¡Pero no había caballería estadounidense allende los mares! Sin embargo, tenían que deshacerse de su cuero. Alguien tenía que sacar un beneficio de él, así que compramos un montón de sillas de montar McClellan. Y probablemente las tengamos todavía.

También otros tenían un montón de mosquiteras. Le vendieron al Tío Sam 20 millones de mosquiteras para el uso de los soldados expedicionarios. Me imagino que se esperaba que los muchachos se las pusieran por encima cuando intentaran dormir en las trincheras embarradas, con una mano aplastando piojos en la espalda y con la otra apartando las escurridizas ratas. Pues bien, ¡ninguna de estas mosquiteras llegó a Francia!

De cualquier modo, estos imaginativos fabricantes quisieron asegurarse de que ningún soldado se quedara sin su mosquitera, así que 40 millones de yardas adicionales de mosquitera fueron vendidas al Tío Sam.

Se obtuvieron unos beneficios bastante buenos con las mosquiteras en aquellos días, aunque no hubiera mosquitos en Francia. Supongo que, si la guerra se hubiera prolongado solo un poco más, los emprendedores fabricantes de mosquiteras hubieran vendido al Tío Sam un par de cargamentos de mosquitos para que criaran en Francia y así encargar más mosquiteras.

Los fabricantes de aviones y motores sintieron también que ellos tendrían que sacar sus ganancias de la guerra. ¿Por qué no? Cualquier otro sacaba las suyas. ¡Así que mil millones de dólares (cuéntelos si vive lo suficiente para ello) se gastó el Tío Sam en hacer motores de avión que nunca despegaron de la pista! Ningún avión ni motor, aparte del pedido de los mil millones de dólares, participó en una batalla en Francia. Los fabricantes fraguaron así su pequeña ganancia del 30, 100, o quizás del 300 por ciento, igualmente.

Costaba fabricar las camisetas de los soldados 14 centavos por unidad y el Tío Sam pagó de 30 a 40 centavos por cada una (un pequeño y precioso beneficio para los fabricantes de camisetas). Y los fabricantes de calcetines y los de uniformes y los de gorras y los de cascos... todos sacaron lo suyo.

Porque cuando la guerra acabó cuatro millones de equipos (mochilas y los utensilios con que se llenaban) abarrotaban los almacenes de este lado del océano. Ahora están siendo retirados porque la normativa ha cambiado su contenido.

Pero los fabricantes obtuvieron sus beneficios de guerra y volverán a hacerlo la próxima vez.

Hubo montones de ideas brillantes para obtener beneficio durante la guerra.

Un patriota muy versátil vendió al Tío Sam llaves de 48 pulgadas. ¡Oh, en verdad eran unas llaves estupendas! El único problema que había es que solo existía un tipo de tuerca lo suficientemente grande para estas llaves: las que sujetan las turbinas en las cataratas del Niágara. Pues bien, después de que el Tío Sam las comprara y los fabricantes se embolsaran su beneficio, las llaves fueron cargadas en camiones que se dieron una vuelta por todo Estados Unidos para ver si se encontraba un uso para ellas. Cuando se firmó el armisticio ciertamente fue un triste golpe para los fabricantes de llaves. Estaban a punto de fabricar algunas tuercas que se ajustasen a ellas. Después, pensaban vendérselas también al Tío Sam.

Incluso hubo quien tuvo la luminosa idea de que los coroneles no deberían montar en automóvil, ni siquiera a caballo. Probablemente alguno ha visto un cuadro de Andy Jackson montado en una carreta. Pues bien, cerca de

6.000 carromatos fueron vendidos al Tío Sam para que los usaran sus coroneles. Ninguno de ellos se usó, pero los fabricantes obtuvieron su beneficio de guerra.

Los constructores navales sintieron que también ellos deberían participar del negocio. Construyeron gran número de barcos que les reportaron grandes beneficios. Por valor de más de 3.000 millones de dólares. Algunos de los barcos estaban bien. Pero otros, por valor de 635 millones de dólares, ¡fueron construidos de madera y eran incapaces de flotar! Las costuras se les abrieron y se hundieron. Aunque nosotros los pagamos. Y otros se embolsaron los beneficios.

Los estadísticos, economistas e investigadores han calculado que el coste de la guerra para el Tío Sam se elevó a 52.000 millones de dólares. De esta suma, 39.000 millones se gastaron en la guerra misma. Los beneficios ascendieron a 16.000 millones. Así fue cómo los 21.000 milmillonarios y millonarios labraron su fortuna. Estos 16.000 millones de beneficios no deben ser tomadas a broma. Es una cantidad bastante buena. Y fue para muy pocos.

El Comité del Senado (Nye) investigó a la industria de municiones y sus beneficios de guerra y a pesar de sus sensacionales revelaciones apenas arañó la superficie.

A pesar de ello, algún efecto ha producido. El Departamento de Estado ha estudiado *durante algún tiempo* métodos para mantenerse alejado de la guerra. El Departamento de Guerra de repente ha decidido que tiene un maravilloso plan que presentar. La Administración designa un comité, con los departamentos de Guerra y Marina representados, bajo la presidencia de un especulador de Wall Street. ¿Hasta qué punto es independiente? Hum. Posiblemente los beneficios del 300, 600 y hasta del 1.600 por ciento de aquellos que convirtieron la sangre en oro en la Gran Guerra se reduzcan algo.

Aparentemente el plan no propone ninguna limitación de pérdidas (que son las pérdidas de aquellos que luchan en la guerra). Hasta donde he podido comprobar, no hay nada en el proyecto que reduzca la pérdida de un soldado a solo un ojo, o solo un brazo, o que limite sus heridas a una, dos o tres. O que limite la pérdida de la vida.

Nada en el proyecto propone, aparentemente, que no más del 12 por ciento de los integrantes de un regimiento sean heridos en combate o que no más del siete por ciento de los componentes de una división mueran.

Por supuesto que el comité no será molestado con tales insignificancias.

Soldados bóxer, durante la rebelión en China.

CAPÍTULO TRES

¿QUIÉN PAGA LA FACTURA?

¿Quién proporciona los beneficios, esas pequeñas y preciosas ganancias del 20, 100, 300, 1.500 y 1.800 por ciento? Todos nosotros las pagamos. Con impuestos. Pagamos a los banqueros sus beneficios cuando adquirimos Bonos de la Libertad a 100 dólares y se los revendemos a 84 u 86 dólares. Los banqueros recogieron un plus de 100 dólares. Fue un trabajo sencillo. Los banqueros controlaban los mercados. Resultó fácil para ellos depreciar estos bonos. Entonces todos nosotros —el pueblo— nos asustamos y vendimos los bonos a 84 u 86 dólares. Los banqueros los compraron. Luego estos mismos banqueros estimularon un boom y los bonos del gobierno volvieron al precio de partida e incluso por encima. Entonces los banqueros recogieron sus beneficios.

Pero es el soldado quien paga la mayor parte de la factura.

Marines en Nicaragua, con una bandera sandinista.

Si no se lo cree, visite los cementerios americanos en los campos de batalla del extranjero. O visite cualquiera de los hospitales de veteranos en Estados Unidos. En una gira por el país, en mitad de la cual estoy al tiempo que escribo esto, he visitado 18 hospitales del Gobierno para veteranos. En ellos hay unos 50.000 hombres destruidos, hombres que eran lo mejor de la nación hace 18 años. El muy competente cirujano jefe del hospital gubernamental de Milwaukee, donde hay 3.800 de estos muertos vivientes, me dijo que la mortalidad entre los veteranos es tres veces superior que entre aquellos que permanecieron en casa.

De los campos y las oficinas y las fábricas y las aulas sacaron a chicos normales y los llamaron a filas. Allí fueron remodelados, fueron transformados; les dieron la vuelta para llegar a considerar el asesinato como la orden del día. Puestos hombro con hombro y por medio de la psicología de masas, fueron cambiados. Los usamos durante un par de años y los entrenamos para que no dieran importancia a matar o morir.

¡Entonces, repentinamente, los desmovilizamos y les dijimos que dieran otra *media vuelta!* Y esta vez ellos mismos tuvieron que hacer su propio reajuste, sin psicología de masas, sin la ayuda y los consejos de oficiales y sin propaganda a escala nacional. Ya no los necesitábamos. Así que los dispersamos sin discursos de *cuatro minutos*[*1] ni *Terceros Bonos de la Libertad*[**2] ni desfiles. Muchos, demasiados, de estos buenos muchachos fueron al final destruidos, mentalmente, porque no pudieron dar esa *media vuelta* por sí mismos.

¡En el hospital gubernamental de Marion, Indiana, 1.800 de estos chicos viven en corrales! Quinientos de ellos en barracones con barrotes de acero y alambradas en el exterior de los edificios y en los porches. Estos muchachos ni siquiera miran como seres humanos. ¡Oh, las miradas

---

1. *Th Four Minute Men* eran grupos de voluntarios que impartían discursos de cuatro minutos sobre temas establecidos por el Comité de Información Pública.
2. Los bonos permitían cubrir el coste de la guerra con el compromiso de que se recuperarían pagando intereses. Hubo tres emisiones. La tercera no era reembolsable hasta 1928.

en sus caras! Físicamente, tienen buen aspecto; mentalmente, se han perdido.

Hay miles y miles de estos casos y más y más están llegando a cada momento. La tremenda excitación de la guerra, el repentino corte de esa emoción… los jóvenes no pudieron soportarlo.

Esa es una parte de la factura. Tanto para los muertos, que pagaron su parte de los beneficios de guerra. Tanto para los heridos física y mentalmente, que están pagando todavía su parte de los beneficios de guerra. Pero hubo otros que también pagaron, como los que pagaron con angustia cuando fueron separados de sus hogares y familias para ponerse el uniforme del Tío Sam, por lo cual se obtuvo un beneficio. Pagaron otra parte en los campos de entrenamiento cuando fueron disciplinados e instruidos mientras otros ocupaban sus trabajos y sus puestos en las vidas de sus comunidades. Ellos pagaron por ello en las trincheras donde dispararon y les dispararon; donde pasaron hambre durante días seguidos; donde durmieron en el barro, con el frío y bajo la lluvia; con los gemidos y chillidos de los moribundos en una horrible canción de cuna.

Pero no lo olvidemos: el soldado pagó también parte de los dólares y centavos de la factura.

Hasta, e incluida, la Guerra Hispano-Americana, nosotros teníamos un sistema de recompensas y los soldados y marineros peleaban por dinero. Durante la Guerra Civil se pagaba con bonos en muchos casos antes de que se ingresara en filas. El Gobierno o los Estados pagaban hasta 1.200 dólares por un alistamiento. En la Guerra Hispano-Americana se les daba premios en metálico. Cuando capturábamos un navío todos tenían su parte, al menos eso esperaban. Entonces se produjo el hallazgo de que podríamos reducir los costes de guerra tomando todos los premios en metálicos y conservándolos, pero reclutando al soldado de todos modos. Los soldados ya no podían negociar su trabajo. Todos los demás podrían, pero el soldado no.

Napoleón dijo una vez:

«Todos los hombres aman las condecoraciones... Realmente están hambrientos de ellas».

Así que siguiendo el sistema napoleónico (el negocio de las medallas) el Gobierno aprendió que podría tener soldados por menos dinero, porque a los chicos les gusta ser condecorados. Hasta la Guerra Civil no hubo medallas. Entonces empezó a repartirse la Medalla de Honor del Congreso. Ello facilitó los alistamientos. Tras la Guerra Civil no hubo nuevas medallas hasta la Guerra Hispano-Americana.

En la Gran Guerra, usamos la propaganda para que los muchachos aceptaran el reclutamiento. Hicimos que se sintieran avergonzados si no se unían al Ejército.

Tan perversa fue esta propaganda de guerra que metieron hasta a Dios en ella. Con pocas excepciones, nuestros clérigos se unieron al clamor por matar, matar, matar. Matar alemanes. Dios está de nuestro lado. Aniquilar alemanes es su voluntad.

Y en Alemania, los buenos pastores exhortaron a los alemanes a que mataran a los Aliados… para satisfacer al mismo Dios. Esa fue una parte de la propaganda general hecha para lograr que la gente fuera consciente de la guerra y consciente del asesinato.

Nuestros chicos fueron enviados a morir con maravillosos ideales. Esta era «la guerra que acabaría con todas las guerras». Esta era «la guerra para hacer un mundo seguro para la democracia». Nadie les mencionó, cuando marchaban, que su marcha y su agonía supondrían enormes beneficios de guerra. Nadie dijo a estos soldados estadounidenses que podían ser abatidos con balas fabricadas por sus propios hermanos. Nadie les dijo que los barcos en los que ellos cruzaban el océano podían ser torpedeados por submarinos construidos con patentes de Estados Unidos. A ellos solo se les dijo que se encaminaban a una «gloriosa aventura».

Así, habiéndoles hecho engullir patriotismo pescuezo abajo, se decidió que ayudaran a pagar la guerra también. Así que les proporcionamos un gran salario de 30 dólares al mes.

Lo único que tenían que hacer por esta suma generosa era dejar atrás a sus seres queridos, renunciar a sus trabajos, yacer en trincheras pantanosas, comer comida enlatada (cuando podían conseguirla) y matar y matar y matar… y morir.

¡Pero espere!

La mitad de este salario (solo un poco más de lo que un remachador en un astillero o un obrero en una fábrica de municiones consiguen a salvo en sus hogares) fue descontado prontamente para el sostenimiento de sus dependientes, para que no llegaran a ser una carga para su comunidad. También les hicieron pagar lo que equivalía a un seguro de accidentes (algo que el empleado paga en un estado ilustrado) y que le supone seis dólares al mes. A él le quedaban menos de nueve dólares disponibles.

Entonces, culminando la insolencia de todo, se le chantajeó para pagar su propia munición, vestimenta y alimento comprando Bonos de la Libertad. En consecuencia, a la mayoría de los soldados no les quedaba dinero el día de paga.

La venta de Bonos de la Libertad a 100 dólares que luego les compramos (cuando volvieron de la guerra y no podían encontrar trabajo) a 84 y 86 dólares. ¡Y los soldados trajeron bonos por valor de 2.000 millones de dólares!

Sí, el soldado paga la mayor parte de la factura. Sus familias también la pagan. Ellas lo pagan con la misma angustia que él. Igual que él sufre, ellas sufren. Por la noche, cuando él yace en la trinchera y observa la metralla estallar sobre él, las familias yacen en sus camas y se agitan desveladas:

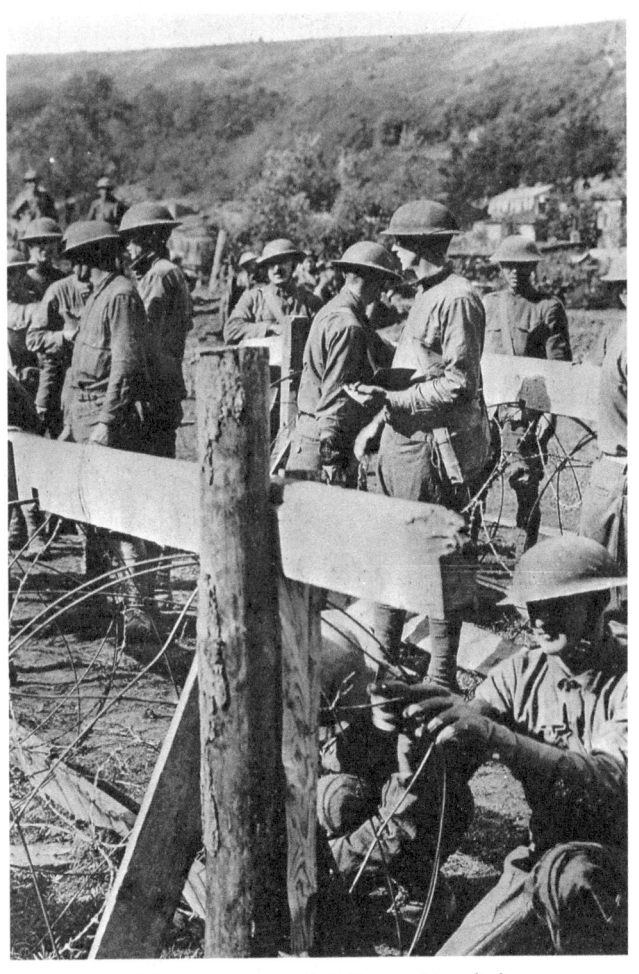

Marines, durante la I Guerra Mundial.

Butler, a la izquierda, y el capitán Baldwin, en Shanghái, en 1927.

su padre, su madre, su esposa, sus hermanas, sus hermanos, sus hijos y sus hijas.

Cuando retorna a casa con un ojo menos, o una pierna menos o con su mente dislocada, ellos también sufren tanto o incluso a veces más que él. Sí, y ellos también contribuyeron con sus dólares a los beneficios de los fabricantes de municiones y banqueros y armadores y especuladores. Ellos también compraron Bonos de la Libertad y contribuyeron al beneficio de los banqueros después del Armisticio en el jaleo de los precios manipulados de los Bonos de la Libertad.

E incluso ahora las familias de los heridos y de los enajenados y de aquellos que nunca fueron capaces de adaptarse están todavía sufriendo y todavía pagando.

CAPÍTULO CUATRO

¡Cómo destruir esta estafa!

Bien, se trata de una estafa, de acuerdo.

Unos pocos se benefician y otros muchos pagan. Pero hay una forma de pararlo. Usted no puede acabar con ello mediante conferencias de desarme. No puede eliminarlo mediante conversaciones de paz en Ginebra. Grupos bienintencionados y poco prácticos no pueden acabar con ello con resoluciones. Solo puede destruirse de forma efectiva eliminando el beneficio de la guerra.

El único modo de acabar con esta estafa es reclutar al capital y a la industria y al trabajo antes de que los hombres de las naciones puedan ser reclutados. Un mes antes de que el gobierno reclute a los jóvenes de la nación debe reclutar al capital, la industria y el trabajo. Hay que reclutar a los oficiales y los directores y los poderosos ejecutivos de nuestras fábricas de armamento y de municiones y nuestros constructores navales y aeronáuticos y

Izado de la bandera de EE.UU. en Veracruz.

los fabricantes de todas las demás cosas que proporcionan beneficios en tiempo de guerra, al igual que los banqueros y los especuladores, y pagarles 30 dólares al mes, el mismo salario que los muchachos ganan en las trincheras. Hay que hacer que los trabajadores en las plantas tengan los mismos salarios (todos los trabajadores, todos los presidentes, todos los ejecutivos, todos los directores, todos los gerentes, todos los banqueros), sí, y todos los generales y todos los almirantes y todos los oficiales y todos los políticos y todos los oficinistas del gobierno; ¡todo el mundo en el país verá restringido sus ingresos mensuales a un total que no supere lo que cobra un soldado en las trincheras!

Que todos estos reyes y magnates y amos de los negocios y todos aquellos trabajadores en la industria y todos nuestros senadores y gobernantes y alcaldes paguen la mitad de su sueldo de 30 dólares mensuales a sus familias y paguen el seguro por riesgos de guerra y compren Bonos de la Libertad.

¿Por qué no deberían hacerlo?

Ellos no están corriendo ningún riesgo de morir o de que sus cuerpos y mentes queden

destrozados. Ellos no duermen en trincheras en-
lodadas. Ellos no pasan hambre. ¡Los soldados, sí!

Dese al capital y a la industria y al trabajo 30
días para pensárselo y se descubrirá que, al final,
no habrá guerra. Así se acaba con la guerra, de
ningún otro modo.

Tal vez sea un poco demasiado optimista. El
Capital todavía tiene algo que decir. Así que el Capital no permitirá que se le escape el beneficio de
la guerra hasta que el pueblo (aquel que la sufre y
paga el precio) decida que los que elija para el cargo
hagan su voluntad y no la de los aprovechados.

Otro paso necesario en la lucha para acabar
con este engaño es un plebiscito restringido para
determinar si se debe declarar la guerra. Un refe-
réndum no de todos los electores sino solamente
de aquellos que serían llamados a filas para luchar
y morir. No tendría mucho sentido llamar a un
presidente de 76 años de una fábrica de municiones o al líder pies-planos de una firma internacional de banca o al gerente bizco de una fábrica de
uniformes (todos los que tienen una visión de los
enormes beneficios en caso de guerra) votando si
la nación debería ir a la guerra o no. Ellos nunca

serán llamados a portar armas y dormir en una trinchera y que les disparen. Solo aquellos que puede ser llamados para arriesgar su vida por su país tendrían el privilegio de votar para decidir si la nación debe ir a la guerra.

Hay amplios precedentes para restringir el voto a los afectados. Muchos de nuestros Estados tienen restricciones sobre aquellos que pueden votar. En la mayoría de los casos es necesario ser capaz de leer y escribir para poder votar. En otros, se debe tener propiedades. Sería fácil que cada año se registrase en sus comunidades a los hombres que alcancen la edad militar como se hizo con la leva para la Gran Guerra y se les examine físicamente. Aquellos que superasen la prueba y que por lo tanto pudieran ser llamados a filas en caso de guerra serían electores para votar en un plebiscito restringido. Ellos serían los únicos con poder de decidir y no un Congreso, pocos de cuyos miembros están en edad militar y menos todavía en condiciones físicas de portar armas. Solo aquellos que deben sufrir tendrían el derecho al voto.

Un tercer paso en la tarea de acabar con la estafa de la guerra es hacer de verdad que nuestras fuerzas militares sean realmente fuerzas solo de defensa.

En cada sesión del Congreso se suscita la cuestión de más créditos navales. Los ocupantes de las *sillas giratorias* de Washington (y hay siempre una gran cantidad de ellos) son muy habilidosos lobistas. Y son agudos. No gritan: «Necesitamos una gran cantidad de buques de guerra para guerrear con esta o aquella nación». Oh, no. En primer lugar, hacen saber que América está amenazada por un gran poder naval. Casi a diario, estos almirantes le dirán que una gran flota de estos supuestos enemigos atacará repentinamente y aniquilará a 125 millones de personas. Exactamente así. Luego empiezan a exigir una armada más grande. ¿Para qué? ¿Para luchar contra el enemigo? Oh, no. Solo para fines de defensa.

Entonces, como quien no quiere la cosa, anuncian maniobras en el Pacífico. De defensa. Oh, oh.

El Pacífico es un océano enorme. Tenemos una enorme línea costera con el Pacífico. ¿Serán las maniobras a 200 o 300 millas de la costa? Oh, no. Las maniobras serán a 2.000 millas, sí, quizás incluso a 3.500 millas de la costa.

El japonés, un pueblo orgulloso, estará encantado, en sentido irónico, de ver a la flota de Estados Unidos tan cerca de la costa nipona. Estarán tan encantados como lo estarían los residentes de California si fueran ellos los que vagamente discernieran a través de la bruma matinal a la flota japonesa practicando juegos de guerra a las afueras de Los Ángeles.

Los navíos de nuestra armada estarían específicamente limitados por ley a operar en las 200 millas de nuestra costa. Si esa hubiera sido la ley en 1898, el *Maine* nunca hubiera llegado al puerto de La Habana. Nunca hubiera estallado por los aires. No habría habido guerra con España ni sus, en consecuencia, pérdidas de vidas. 200 millas es un área amplia en opinión de los expertos para fines de defensa. Nuestra nación no podría iniciar una guerra ofensiva si sus navíos no pudieran ir más allá de las 200 millas de su costa. A las aeronaves se les podría permitir ir hasta las 500 millas de la costa con propósitos de reconocimiento. Y el Ejército nunca abandonaría los límites territoriales del país.

Para resumir: deben darse tres pasos para erradicar la estafa de la guerra:

—Debemos eliminar el beneficio de la guerra.

—Debemos permitir a la juventud que empuñaría las armas decidir si se declara o no la guerra.

—Debemos limitar nuestras fuerzas militares a objetivos de defensa en el país.

Butler pasa revista a la tropa en Shanghái, 1927.

CAPÍTULO CINCO

¡AL INFIERNO CON LA GUERRA!

No soy un loco que piensa que la guerra es cosa del pasado. Sé que la gente no quiere la guerra, pero no sirve de nada decir que no podemos ser empujados a otro conflicto.

Echando la vista atrás, Woodrow Wilson fue reelegido presidente en 1916 con un programa que incluía «Mantengámonos fuera de la guerra». Y a pesar de ello, cinco meses después, solicitó al Congreso declarar la guerra a Alemania.

En ese intervalo de cinco meses, al pueblo no se le preguntó si había cambiado de opinión. A los cuatro millones de jóvenes que se pusieron el uniforme y marcharon o navegaron lejos no se les preguntó si querían apoyar la guerra para sufrir y morir.

Entonces, ¿qué causó que nuestro gobierno cambiara de opinión tan repentinamente?

El dinero.

Una comisión aliada, podrá recordarse, pasó por aquí poco antes de la Declaración de Guerra y solicitó una reunión con el presidente. Este convocó a un grupo de consejeros. El jefe de la comisión habló. Despojado de su lenguaje diplomático, esto es lo que le dijo al presidente y a su grupo:

«No vale de nada que nos sigamos engañando. La causa de los Aliados está perdida. Nosotros les debemos (a banqueros estadounidenses, fabricantes de municiones estadounidenses, productores estadounidenses, especuladores estadounidenses, exportadores estadounidenses) cinco o seis mil millones de dólares.

»Si perdemos (y sin la ayuda de los Estados Unidos perderemos) nosotros, Inglaterra, Francia e Italia no podremos devolverles ese dinero… Y Alemania no lo hará.

»Así que…»

Si se hubiera prohibido el secreto de las negociaciones de guerra y la prensa hubiera sido invitada a esa conferencia, o si la radio hubiera podido emitir las actas, Estados Unidos nunca hubiera entrado en la Guerra Mundial. Pero esta conferencia, como todas las discusiones de guerra, fue

Marines durante la revolución mexicana.

envuelta en el máximo secreto. A nuestros muchachos se los envió a la guerra diciéndoles que era «una guerra para hacer un mundo seguro para la democracia» y que era «una guerra para acabar con todas las guerras».

Bueno, 18 años después, en el mundo hay menos democracia de la que había entonces. Además, ¿es asunto nuestro si Rusia o Alemania o Inglaterra o Francia o Italia o Austria viven bajo democracias o monarquías? ¿Si ellos son fascistas o comunistas? Nuestro problema es preservar nuestra propia democracia.

Y poco, si es que algo se ha logrado, para asegurarnos que la Guerra Mundial fue realmente la guerra que iba a acabar con todas las guerras.

Sí que hemos tenido conferencias de desarme y conferencias para la limitación de armas. Pero no significan nada. Una acaba de fracasar, los resultados de la otra fueron anulados. Enviamos a nuestros soldados y marinos profesionales, a nuestros políticos y nuestros diplomáticos a estas conferencias, ¿y qué sucede?

Los soldados y marinos profesionales no quieren el desarme. Ningún almirante quiere quedarse sin barco. Ningún general quiere quedarse sin mando. Ambas cosas significan hombres sin trabajo. Ellos no son partidarios del desarme. Ellos no son partidarios de la limitación de armamento. Y en todas estas conferencias, acechando en el trasfondo pero igualmente todopoderosos, están los siniestros agentes de aquellos que se benefician de la guerra. Ellos velan para que estas conferencias no desarmen ni limiten seriamente el armamento.

El objetivo principal de cualquier poder en cualquiera de estas conferencias no ha sido conseguir el desarme para prevenir la guerra, sino conseguir más armamento para uno mismo y menos para cualquier potencial enemigo.

Solo hay un modo de desarme con algún viso de ser práctico. Se trata de que todas las naciones juntas achatarren cada barco, cada cañón, cada rifle, cada tanque, cada avión de guerra. Incluso esto, si fuera posible, no sería suficiente.

En la próxima guerra, según los expertos, no se luchará con buques ni con artillería ni con rifles y ametralladoras. Se luchará con productos químicos y gases letales.

Insurgentes filipinos muertos.

Secretamente, cada nación está estudiando y perfeccionando nuevos y horribles métodos para aniquilar a sus enemigos al por mayor. Sí, se seguirán construyendo navíos para que los constructores puedan tener sus beneficios. Se seguirán todavía construyendo cañones, pólvora y rifles, para que los fabricantes de municiones puedan amasar sus enormes beneficios. Y los soldados, por supuesto, deberán llevar sus uniformes para que los fabricantes tengan sus beneficios de guerra también.

Pero la victoria o derrota será determinada por la habilidad e ingenio de nuestros científicos.

Si los ponemos a trabajar haciendo gas venenoso y más y más mecanismos diabólicos e instrumentos explosivos de destrucción, ellos no tendrán tiempo para trabajos creativos con los que construir una mayor prosperidad para todos los pueblos. Poniéndoles a trabajar en esta útil tarea, podemos hacer más dinero con la paz que con la guerra, incluso los fabricantes de armas.

Así… que digo:

¡Al infierno con la guerra!

Smedley Butler.

En la imagen superior, Butler en Gettysbourg, en 1922. A la izquierda, durante la cerenemonia de su retiro del Cuerpo de Marines, en 1931.

El mayor general John A. Lejeune, jefe de los Marines (izda.), junto al general Smedley Butler, en el campamento de Frederick, Maryland, en 1922.

ÍNDICE

Imagen propagandística de los Marines, 1918.